Titl

Soleil et ombre

Bill F. Ndi

Langaa Research & Publishing CIG
Mankon, Bamenda

Publisher:
Langaa RPCIG
Langaa Research & Publishing Common Initiative Group
P.O. Box 902 Mankon
Bamenda
North West Region
Cameroon
Langaagrp@gmail.com
www.langaa-rpcig.net

Distributed outside N. America by African Books
Collective
orders@africanbookscollective.com
www.africanbookscollective.com

Distributed in N. America by Michigan State
University Press
msupress@msu.edu
www.msupress.msu.edu

ISBN: 9956-616-29-X

DISCLAIMER

The names, characters, places and incidents in this book are either the product of the author's imagination or are used fictitiously. Accordingly, any resemblance to actual persons, living or dead, events, or locales is entirely one of incredible coincidence.

Contents

Dédicace

A tous ces morts vivants ignorés dans ces pays d'Afrique qui se fient au battement du cœur de leurs capitales et aux soutiens extérieurs (Blancs) pour la survie nationale.

Avant propos

Qu'il me soit permis dans cet avant propos de notifier mon lecteur d'un simple fait. Je suis un aventurier linguistique qui a osé dans mon propre pays, le Cameroun avec cette langue (le français) qui m'est aussi étrangère que certaines langues natives du Cameroun. Mais en m'aventurant, j'eus pris un coup de claque de mes frères qui auraient voulu prendre en hottage, ladite langue. Ils considérèrent mon aventure comme une tentative de piquer à l'un des leurs sa place. Pour ce, mon français n'était pas bon, il était mal poli. Mais me trouvant à Paris, à l'ISIT, à la Sorbonne, à Paris VIII et UCP ma langue n'était plus tordue mais la reste pour ceux de mon très cher pays. A tous ceux, entre mes chers lecteurs, qui considèrent ma langue fourchue et tordue je leur avoue que le présent recueil de poésie constitue, pour moi, un abattoir du Français pour tous : les lecteurs français et francophones en général et celui du Cameroun en particulier.

Bonne lecture.

Bill F. NDI

Préface

Métis (culturel et linguistique), camerounais et anglophone, comment William F. Ndi ne serait-il pas un de ces minoritaires qui n'ont de place réservée nulle part, ni dans leur propre pays où les Noirs francophones tiennent le haut du pavé ni dans la blanche France d'où rayonne l'idéologie francophone ? Prenant lucidement en charge ce vécu existentiel, Ndi ne se laisse pas aller aux gémissements et à l'apitoiement sur son sort et entreprend, en langue française, par une sorte de défi, une œuvre poétique originale, à mi-distance entre dérision, tendresse et lucidité attristée. Certes le fonds de son inspiration est-il vigoureusement protestataire, contre tous les ridicules odieux et oppressifs des tyranneaux locaux aussi bien que contre les manœuvres souterraines des puissances coloniales tutélaires, certes la majorité de ses poèmes sont-ils, derrière le rire, teintés d'amertume et de larmes, mais il sait aussi rebondir avec une agilité d'acrobate en composant des poèmes ludiques portés par une spatialisation savante alternant avec d'autres textes de facture plus simple qui sont de brèves évocations mélancoliques de son enfance camerounaise – sa famille, ses premiers maîtres, ses années de lycée ou d'université. Ainsi le lecteur est-il invité à un parcours chatoyant et attractif.

Pour évoquer ces moments étranges où le soleil brille à travers la pluie la langue française possède l'heureuse expression: « C'est Jean qui rit et Jean qui pleure. » Transposons en « William qui pleure / William qui rit », pour tenter de faire sentir le charme de la musique moqueuse, persifleuse et aiguë d'une petite flûte qui perce obstinément la pesante chape de silence qui étouffe la voix des petites gens, d'autant plus humiliés et offensés qu'il s'agit de minoritaires, comme s'ils étaient d'un autre noir que les autres et d'une autre humanité que nous.

Pr. Daniel Delas, (Pr Emérite des sciences du langage, UCP)

Remerciements

Par ce biais l'auteur voudrait surtout remercier toute personne et tout ce qui d'une manière ou d'une autre à contribuer à la réalisation de ce recueil, que ce soit sous forme d'inspiration ou de soutien matériel. Ceci dit, je pense surtout à mon très beau pays le Cameroun qui résonne dans tous les poèmes et sert de papier peint de vers qui évoquent à la fois le sourire et le rire, la peine et douleur ainsi que l'indifférence et le dégoût. A cette liste je voudrais ajouter, l'historien français des idées et des mentalités, le Pr. Jacques Tual, le linguiste français, Pr. Daniel Delas (qui après lecture m'avait suggéré le titre actuel : *Soleil et ombre*), le poète haïtien, Dieurat Clervoyant et le professeur Hélène Jaccomard de l'université de Western Australia pour leur lecture critique et correction proposées à ces poèmes sous leur forme manuscrite. J'ajouterai aussi le Pr. Michael Meehan. Tout leur encouragement a permis pour que mon rêve devienne réalité. Il est vrai que la liste est longue et je dirais simplement que toute autre personne que j'aurais oubliée ne devrait pas se déconsidérer ou encore se dire que je les ai ignorés. A tous je dis Merci.

Bill F. NDI.

Magistralement Nègres

La main je tendis à mon frère francophone
Sur elle cracha-t-il et me dit sale Anglophone !
Perplexe, ma peau je regardai
Vite et vis que l'arrogance criait
Cette ignorance d'esclaves gardant les tables
Qui se voyaient mieux que ceux des étables.
Nègres, nègres, nous sommes tous noirs
Même les blancs du continent noir
Nègres, nègres réveillez-vous
Rejoignez autres nègres, nous
Et ensemble nous ferions la force
Que de consommer leur divorce
Qu'ils nous poussent dans la gorge ;
Là serait notre forge
Et non leurs artifices linguistiques
Que toi et les tiens trouvez féeriques
A m'appeler nègres et j'en suis
Et magistralement mon cours je suis
Et non celui de chocolat doré
Mon être n'est pas un bien à rejeter
Pour d'illusions qu'on dirait cocasses
Même si tu ne me trouves point loquace
Mais la diarrhée verbale j'en ai horreur
Car la tienne me provoque la grande fureur !
Nègre, je suis magistralement nègre
Fier et sais ménager chou et chèvre.

Mon Tort

C'est l'histoire de mon tort
Ils débarquèrent au port
L'un fut Français
L'autre Anglais
Au lendemain de la grande guerre
Nous aperçûmes de grandes lueurs
Accueillant papa et maman
L'Anglais partit, descendit la manne
Aux Français,
Ces laquais
Qui firent de mon frère roi
Qui me prit pour une proie
Me spoliant de mon titre princier
De n'avoir pas été le choix premier
Pour ce, en public il me déshabilla
Jusqu'à mon costume de naissance, me laissa.
Prince, personne ne me reconnaît
Même pas la langue que me léguait
Ma mère anglaise aujourd'hui une snobe
Qui ne veut d'aucun œil voir mon aube
D'ailleurs le frère roi fait loi
Il faut l'acclamer ma foi
Si non c'est un tort
Jouer avec son sort
Telle est mon histoire
Je n'ai pas de foie !

L'apothéose de la confusion

Aussi rêvait la Fontaine de Papimanie
Nom aussi étrange que kakistocratie
Or au Cameroun ceux qui ne l'ont jamais entendu
La vivent mieux que tous
Et la riment avec kleptomanie
Et pratiquent la kleptocratie
Seront-ils tous poètes les Camerounais ?
Lorsque nous subtilisons des mots
Politiciens, eux, au Cameroun jouent avec des maux
L'apogée d'une confusion homonymique
Donnant au peuple de façon inique
La Douleur
Contre douceur
A ce peuple pacifique
D'aucun besoin casuistique
Mais recevant la mort
Par le dictateur, prise pour un sport.

Nostalgie

La pensée
Qui me repousse
Me repousse
Loin dans ce passé
Lointain où comme enfant m'étonnais-je de voir
Sans

               Gloire
                 Fleurir
Ces avocatiers qui fleurissent
            D'une blanche floraison
Pour décider un jour
          Comme des avocats
          Le sort de ma faim
              Or celui   de
              ma fin
Ne fut point dans leur   fruit
Mais   entre   mes
mains !
            Aujourd'hui
            Ce regard du
Passé   Récent   Lointain
            M'incite   la
   faim
Et rappelle
celle-là
Non   ma   Fin
Qui de toute   finesse

Assassine toute   jeunesse !

La noyade

Au bord de la Seine
      Un poète en a fait siennes
            Ces grandes eaux
                Pour restituer Poe…
                    Ma foi ! Rêver en faire
        mienne,
                      M'immerge… !
            Tiens!
Inondé de larmes des yeux
Jamais ne deviendrai-je mieux.
Pour me blottir
                          Sans mentir,
Sur ma couche   sans rire
Ainsi, résumant
Le comportement
De la bête savante :
Ces fleurs   moururent   de
      pleurs ;
Meurtri un   cœur
    pur,
Dans une maison
            Lors de la saison
          Baisant la floraison…
                  Or, ne pas croire
Les rendit noires ;

                   Toutes noires ;
    Accomplissant pour la savante, son devoir :
        Les privant de tout droit
          Aux noix.
          Ils se noient
      Et le souci dans l'alc.
        Armé d'arc
        Sans flèche
    Se réjouissent-ils d'une fraîche
         Bière
     Craignant la mise en bière.

Hère
Chante moi des airs

Misérable Misère,
Que de misère !
De la Lozère
Et sans loueur
A Massy Verrières
Jusqu'à Paris siège de Misère
Ne casant point de rizière
En maître y règne la Misère
Misérable !
Pari adorable
Dans un Paris doré
Et de façade dorée
Masque de la tristesse
Flambeau de la faiblesse
Des politiques
Qui en font leur musique
Or les miséreux
L'air tout sérieux
Déchoyant les maux
Font la leur dans le métro
Pour chasser la misère
Qui de son siège zèle
Et bien sur sans ailes !

Avatar de la régression

Un fruit défendu ne peut être dégusté
Pas par celui qui par l'interdit est frappé
Pour atteindre la majorité il a fallu attendre 89
Et nous en sommes fiers et rien de neuf
Mais les enfants noirs qui osent payeront le prix
Bon gré, mal gré pour eux, tant pis
Sous le Soleil on leur tint en esclavage
Sous d'autre règne d'ailleurs, ce fut le servage
Sous De Gaulle ce fut le tour de la Guinée
Ainsi fut pour elle sa destinée
Sous Mitterand Sankara ciblé réactionnaire
Fut assassiné et enterré par ses missionnaires
Avec le soutien rocardien de la luxure
Démocratique, un privilège sans besoin de souillure
Bon pour les noirs ne sont que dictateurs
Jouissant dans les bras de ces avatars, vecteurs
D'une régression embobinée dans le transfert,
Le transfert de la technologie, un couvert
Masquant le pillage de fond qui bourre les caisses
Une assurance de voir s'asseoir ; pas sur une chaise,
Mais un trône qui pour l'amitié n'a point le nez
Pourtant de l'avatar dans nos affaires est vu son nez.

Effort Brisé

Fatigué de notre monarque
Et ne pouvant l'envoyer à Jarnac
Nous avons voulu nous en débarrasser
Quand est intervenu Dieu depuis son paradis d'Elysée
Racheter le monarque
Pour nous quelle arnaque
Enterrant tout l'effort de villes mortes
Ejectant nos espoirs par la petite porte
Nous donnant la mort pour avoir osé demander
Au représentant de Dieu de nous garantie la liberté,
Privilège exclusif de Dieux et leurs représentants sur terre
Où nous ne sommes que noirceur d'ailleurs
Salissant la vue de dieux,
Propriétaires des lieux,
Surtout pas lorsqu'il s'agit de l'or noir
Qu'ils embrassent du matin au soir.
Maintenant à Jarnac, Dieux repose en paix
Et son dauphin ne nous laisse que des plaies.

Ce parcours
(Ailleurs ou nulle part.)

Nous sommes tous

D'ailleurs

Et irons tous

Ailleurs

Vous dis-je !

« La culture

Est ailleurs. »

Nous disent-ils
Et se tournent-ils
Vers nous :
« Vous n'avez pas de culture. »
Pourtant nous ne faisons partie
D'aucun de leurs partis.
Dans des palaces,

Ils se sucrent,

Sur les Quais
Et sous les ponts
De la Seine
Leurs incultes saignent
Et se lassent.
Hélas !
Telle est la beauté
De santé
Du pari
Dans un Paris

Sans   T

Les Autruches

Et voilà mes sœurs aussi belles
Que ces gazelles
De la plaine
Et aussi hautaines
Que ces autruches
Qui jadis me mirent les embûches
Dans la steppe
Et me taillèrent avec de serpes… !

Comment puis-je ?
Je les aime bien
Comment puis-je ?
Mais si, j'y tiens… !

Le V. C. du poète

Dans le ventre de ma mère
Nageais-je comme dans une mer
Futur nouveau-né du maître
D'école, ignorant l'être
Que je deviendrai :
A l'âge d'un jour,
Septième fils de papa fus-je
Mais beaucoup de surprises
M'attendaient dans cet avenir lointain…
A cinq ans, je n'étais plus septième fils de papa
Mais celui du directeur d'écoles.
Quelques années plus tard, me voilà
A Ndop dans des rizières
Où je ne pouvais qu'être riziculteur ;
Torpillé par ces surprises,
Me revoilà pousseur
Petit vendeur
A la sauvette
Vendant cigarettes
Et boissons etc.
Et me trouvant sous les ponts de la Seine
Je répondis bon gré
Malgré
A l'appellation Mr. Fresh,
Fresh car avec ou sans permis
Avec ou sans papier,
Je vendis fraîcheur aux assoiffés,
Aux ristous du monde entier
Aux yeux desquels je n'étais qu'un pauvre
Misérable armé de patience

Seule arme des miséreux
Ayant une richesse agréable
Le don de n'être point fâché
Contre qui que ce soit
Chose qui m'empêcha de tomber

C'était là un destin qui se forgeait….
Or, aujourd'hui
Un regard en arrière
Me fait voir…. !!
Ce qui réchauffe
Le cœur le plus
N'est pas d'entendre autrui
Crier : « Dog ou Doc. »
Puisque des couleurs
J'en ai vu
Et sous tous les cieux….
Des miracles allant
De l'apparition
A la disparition
Des échecs en vrac
Qui me donnèrent le courage de rester intact :
Ma réussite ?
Minorité
Dans un pays de majorité
Et partout ailleurs
Minorité visible….
L'invisible
Aurais-je souhaité
Dès lors que ce chien D'oc
Indésirable ne recevrait des pierres
Lancées lors de ses prières…. !

Bizarre ! Bizarre !

Que d'idées bizarres !
A la rue
Je ne vis en ce pote
Ce grand poète
Qu'il fut
Avec l'idée sotte

Qu'ils sont tous grands, des poètes
Et n'habitent que des châteaux
Grand comme celui de Versailles

Et ne firent point de vaisselles
Telle fut cette idée bizarre….
Or la plume de la rue
Orne les châteaux
Même si ces derniers la renient
Et cherchent à déplumer la rue
Et la laver avec de l'eau
Dans mon berceau
Sur l'acte ils posèrent un sceau !
Ignorant tout.
Or ce beau
Matin je vis la beau-
Té du monde.
Avec leur réflexion sur les tas
« L'Etat
C'est nous »
Vite Je vis
Dans (ces tas) nous
Son ombre

Et nous sommes en nombres
Considérables
Méprisables
De leur Etat
Ces tas
Sans tasses
S'entassent
Avec
Dé
S
I
R
De rire
Que des rires
Pour Lire
En transe
Que des délires
En France
Dans cette terre d'accueil
Ayant chassé ses écureuils
Qui y sont tombés pour rester par terre
Ou aller au cimetière
Loin de la mer(e)
Lieu originel de bonheur éternel
Dans laquelle de joie nageaient
Ces têtards qui à jamais
Voulurent la quitter et y retournent pour tremper la
queue de manière bizarre
Et parfois dans les autres y laisser leurs têtards !

Dire ou ne pas dire ?

Pourquoi ne dirai-je rien
Contre ce grand vaurien
D'un savoir limité a l'occupation
Du palais où il chérie la corruption
Et nous prend pour de grands rats qui rongent son cœur
En mimant le chant tragique joué par le chœur

Les murs de son palais bâtis de soldats
Cimentés avec nos sang lui donnent mandats
Du moins pense-t-il loin de notre espoir
De mettre fin à la dictature qu'il choie
Avec ses soldats qui puent le pet
Sans lesquels nous bâtirons la paix.

Le Riage Forcé

Ce fut en 1960
Et il y a près de cinquante ans
Quand nous nous sommes mariés
De joies tous les deux nous avons crié
Devant ce célébrant, les nations unies
Elles juraient être témoin à vie
Et là, tu m'as trahi
Devant ces nations aujourd'hui désunies
Quand devant la porte frappe le divorce
Les marchands d'armes voulant la force
D'après toi courent
Et d'armes te bourrent
Leur jeu ne m'engage point
Mais tu ne me repousseras pas au coin
Que ce soit avec ta langue ou ton épée
Vainqueur, je m'en tirerai
Rappelons les faits avec les dates
Cet amusement qui commença comme jeu de cartes
Le 11 février 61 tu m'as trompée
Et en 72 tu m'as trahi le 20 mai
Aujourd'hui je suis l'ennemi
Or c'est toi qui as failli
Voulant déchirer la maison
Tu n'auras jamais raison
Car ma demande ne point déraisonnable
Et ne suis-je pas un objet indésirable
Comme ton Plébiscite et ton Référendum
Qui transformèrent notre Etat en royaume.

La Machine de Mort

A Ndop nous ne cultivons pas que le riz
Mais nous cultivons aussi le rire
Sans lequel ce sera le pire
Qui nous coupera le zéphyr

Comme les politiques qui nous coupent les vives
Pour que le père de la nation ainsi que la nation vivent
De souffle qu'ils nous coupent de manière répressive
Ou plutôt c'est la populace les subversives

C'est ainsi que règne la paix dans cette nation
Mendiant qui parle n'aurait point de ration
Et tout poète s'adonnant à l'imagination
N'aurait que déboires, désillusions

Et bastonnades policières à adosser
Car nos frères policiers sont dressés
En machine de mort fabriquée pour tuer
Toute innocence qui veut ses droits revendiquer.

A Ndop nous voudrions ces machines dans les rizières
Or ils ne voudraient point du riz car c'est de la misère
A la rue l'odeur du mil fait descendre bien leur bière
Cas typique de la pensée de Jean de La Bruyère.

Pays Ami/Pays Ennemi

La France pays ennemi
La France pays ami
Avec ces Anglais elle a toujours dansé
Entre le chaud et le froid même en été ;
Posons à la France une question
Pour savoir ce qu'elle a contre ces nations
Et ce qu'elles ont fait pour mériter les brimades
De ses sous-préfets qui lourdement armés colmatent
Les innocents n'ayant droits qu'aux bastonnades
Sur nous tombant comme les tornades
Loin de Franco nous sommes anglophones
Mais qu'a-t-un rat a foutre avec un téléphone ?
N'étant point au début ni à la fin
Tout ce que demandent les pauvres c'est d'assouvir leur faim
Or ce que rejette le monde
C'est de leur pourvoir la table ronde
Dont la rondeur
N'arrange point son dictateur.

La Terre des SouFFrançais

Longuement j'ai eu à réfléchir
Sur ce que St. Ex… avait à dire ;
D'après lui, aux hommes appartenait la terre
Qu'aurais-je pu, y voyant sortir des vers ?
Des sous je rêvais et rêvais-je encore
Cela faisait bon vivre ; bon d'accord !
Des sous il m'en fallait beaucoup
Mon frère dit qu'en France c'est partout
C'est-là que rêve deviendrait réalité
Car c'est une terre de droits et d'équité
Un berceau de choix je me le fis
Et vis que sous, devant France se fient
A dorer les pavés et les bancs publics parisiens
Sans oublier les machines à sous que sont les crottes de chiens
Bref, la terre des hommes
La France de sous hommes,
Pays de liberté, d'égalité et de fraternité
Fief de souffrance pour Africains pour toute une éternité
Cherchant ces sous partout en France
Où les deux jumelés donnent sous France !

Guéguerre Franco-anglaise

Le proverbe africain tient bon
Pour cette raison, pas de bonbons.
Il affirme que lorsque 2 éléphants se battent
Les herbes et les arbustes en prennent la tarte
Anglophone au Cameroun petit arbuste
Tenant tète à des géants robustes
Se battant pour le sous sol africain
Point de cire pour misérable africain
Contre qui la ligue de raquetteurs
Se dresse contre la plainte du moqueur
Notre objet n'y a ni pour la France ni pour les Anglais
Mais leurs assassins passeront, nos idées survivraient.

Le Monde à l'Envers

Nous avons tout copié de la France
Y compris l'art de tomber en transe
Mais pas ce que disait un certain Edouard
A son ami Jacques qui eût cru en Edouard :
Il lui disait : « Jacques dort, le gouvernement travaille ! »
En Afrique les gouvernements dorment, les peuples travaillent
Ils travaillent jusqu'à creuser à mains nues leurs tombes
Au travail ils se meurent n'ayant besoin d'attendre la bombe ;
Quelle soit cathodique ou musulmane
Jusqu'à demain, du ciel ne tombera point la manne.

Notre Pays Bilingue

Au Cameroun nous sommes bilingues
C'est trop dire, c'est aux anglophones d'être bilingues
Francophones se voient plus français
Convoitant tout ce qui est français
Chez nous pour eux Paris devient Bengué
Traduire texto « le chez-nous » : obsession aveuglée.
A Paris ne comprenant point pourquoi l'anglais,
L'anglais dans tous les cafés parisiens leur déplait
Leur rappelant quand ils furent rois
Les anglophones n'étant que leurs proies
Les rôles ici renversés, ils ne se reconnaissent plus chez-
eux
Bengué n'est plus ce qu'ils croyaient mieux et adorable
lieu
Au Paradis comparable
A des rêves intarissables…
Raison de plus pour que les Anglos chantent,
Pleurent, écrivent et parlent français et se plantent
Pour que les francophones affirment qu'ils sont cons
Ces Anglos et tous les francophones sont bons !

Point de Monopole

J'entendis l'enfant pousser le cri
Et vis un soldat aux dents de la vache qui rit
Heureux d'avoir exécuté l'innocence
Puisqu'elle fut anglose cela n'avait pas de sens
Francophone
Anglophone
Se battant pour de langues étrangères
Francophones bêtement fiers se montrèrent
D'un monopole langagier ignoré des français
L'orgueil de nos jours bien dépassé
Avec les Anglos s'appropriant cette langue
Pendant que l'autre croit à une gargue.

Heure de Vérité

Ce fut l'heure de vérité
Sans peur nous l'avons réclamée
Mais le bourreau jura qu'elle fut sans objet
Et nous étions traités de déchets
Becs et ongles nous nous sommes battus
Contre une multitude très corrompue
Qui crut nous avoir recadrés…
Jamais nous ne cesserons de la revendiquer !

Nous Chantons Aussi Multinational

Chez-nous sont monnaies courantes
De noms tels Elf, Shell, et Total
Pourtant, il n'y a que dalle totale
Qui fait sa monnaie la plus courante
Et nous chasse de cette terre natale.
Telle est notre chanson multinationale.

Outremer

Ils nous parlaient tellement d'ordures.
Nous les crûmes et vîmes la verdure
Loin de chez-nous, ce fut chez-eux
Le chez-nous infecte comme un lépreux
Et nous voilà dans leurs rues
Balayant les ordures
Pourtant nos hommes d'Etats
Ignorant leurs propres Etats
Se disent hommes forts
Puisqu'ils habitent les châteaux forts
Terrestre où peuple mène vie minable
Dépourvue d'eau potable ;
Telle est le pays de merveilles
Où nous jouissons de piqûres d'abeilles.

Et Pourtant C'est Vrai

Est-il Vrai ?
Ce n'est pas vrai !
Comment peut un homme voler
Sans des ailles ? On dit qu'il s'est tiré
Portant avec lui des milliards
Or, nous les pauvres n'avions pas de billards
Pour nos jeux enfantins ;
Tant pis pour nous, il est châtelain.
Du moins ça c'est vrai !
Mais peut-il nous laisser en paix ?

Débrouiller n'est pas Voler

Notre radio m'avait tellement chanté
A l'époque je fus très enchanté
D'entendre que débrouiller n'est pas voler
Profane, mes oreilles la buvaient
Heureuses d'apprendre une rime
Ignorant la justification de leur crime
Aujourd'hui d'homme de la rue aux politiques
Ils ont des ailes pour voler ; pour eux un art ludique
Qui me laisse sans savoir qui des deux se débrouille
Et qui des deux la piste me brouille
Toutefois, les deux se disent se débrouiller
Et en flagrant délit, je les vois bien voler !

Devinette d'un Enfant

Un enfant me posa une devinette
Il me fallut porter mon oreillette
Pour comprendre ce qu'il voulût savoir
En ce qui concerne l'homme et son devoir.

Il me demanda de lister deux choses
Que l'on ne voudrait voir et pour quelle cause
Et mon bégaiement m'envoya la peur
Une bien grosse peur qui m'envahit des heures

Cette perceptible grosse peur, le petit,
Fit exploser d'une grande joie et me dit
« Montre-moi où l'on fait des saucissons
« Ainsi que des politiques qui déconnent

« Je te dirais que tous ces politiques
« Copient des chauves-souris leurs salles techniques
« Laissant tout ce qui entre par la bouche
« Y sortit comme de la merde ! Que c'est louche ! »

Je ne voudrais point sentir telle horreur
Des hommes sensés nous apporter bonheur
Qui nous malaxent comme de la viande….
Et nous dégustent comme de choses friandes

Pilleurs de Victoires

Fous de foot, nous en sommes au berceau
Peinard et fort dans ce jeu comme nos lionceaux
D'ailleurs nous sommes pays de lions
Notre président se dit homme-lion
Quand nos lions indomptables sont vainqueurs
Sur l'homme-lion rejailli la gloire ; ce pilleur
De victoire qu'il est ainsi que celui des fonds
Tout au grand plaisir de bailleurs des fonds
Qui motion de soutien lui apportent
Sans laquelle nous l'aurions mis à la porte
Vu qu'il ne nous apporte que misère et déboires
Volant le peu de joies éveillées par des victoires
De notre folie, le foot, par ces indomptables ;
Leur grand voleur nous est insupportable.

Aucune Raison D'Avoir Tort

Vouloir vivre par comparaison
N'est pas du tout raison
De se distinguer par clan et tribu, j'en passe
Ce qui misère et malheur retrace :

Tribalisme, forme sinistre du fascisme
Fascisme, forme sinistre du racisme
Racisme, forme sinistre de l'inhumanité
L'inhumanité, comble de l'atrocité

L'atrocité, sommet de la folie
La folie, état avancé de se haïr
Se haïr, laisser atrophier son cerveau
Le cerveau, un très grand cadeau

Gisement de la raison de n'avoir jamais tort…
Ainsi compris comment peut-on avoir tort
Comme au pays où clanisme et tribalisme l'emportent
Laissant à la population leur crotte

Vive au dépotoir des déboires?
Faut-il à la tribu, le boire
À la mangeoire des suppôts
Exonérés d'impôts

Faisant un pas ver le gouffre
Qui protège leurs coffres
Raison d'avoir leur raison
Quand même est crié déraison !

Mon Histoire

Pauvre petit anglophone
Au pays à majorité francophone
Voulant tâter le terrain du français
A osé rédiger un mémoire en français
Sous la direction d'une certaine Marcelline
Qui lui rappela où se trouvait la ligne
Entre français et anglais qui ne sont pas frères
Il est interdit de vouloir piquer au frère
De Marcelle sa place de maîtrisard
Un Anglos à cette place est maquisard
Elle imputa la cause à l'Ambroise
Comme source de cette angoisse
Quoiqu'en elle est endémique, la haine
Qui aux Anglos donne de la peine.

Si je Pleure….

Si je pleure en anglais,
Mon frère, au monde, dirait
Ne rien comprendre.
Il faut attendre
Que je puisse balbutier
En la langue de Gauthier
Pour qu'il puisse m'entendre
Plutôt, me comprendre
Pourtant le cri de douleur
N'a ni pays/langue ni couleur.
Cher frère te voilà pris au piège.
Maintenant en ta langue qu'ai-je
A te cacher ; toi qui a tant joué le sourd
Toi qui m'as au dos chargé ce fardeau lourd.
Là où je suis, la mort ne m'inquiète plus
Mais penser mort, courage tu n'as plus
Car les charognards festoieront sur tes dépouilles
Et point d'Anglophone à tes côtés pour crier : « grenouilles »
Débouche bien tes oreilles et écoute-moi
Ma demande rend-moi ce que tu me dois !
Décharge ce fardeau et nous ferons la paix
C'est tout ce qu'il nous faudrait et tu le sais.
Je ne veux plus pleurer
Même te voir détourner
Le peu que nous avons dans le coffre
Tu as tout fait qu'on se trouve dans le gouffre.

Silence Presque Mort

C'est lui le fils favori de l'Ouest.
Règne-t-il sur notre pays comme la peste.
Laissera-t-il chanter le Cameroun comme s'il jouait ?
Jouant pour retarder notre amour d'arriver ;
Union contractée je ne sais où
Ne doit pas nous jeter dans un trou
Pour l'amour de la liberté qu'il tombe les murs de ses prisons
Ces murs qui montrent à tous qu'en lui se cache un poltron
Tenant le drapeau honni de l'horreur
Bouillonnant dans nos ventres avec fureur
Comme les cheveux de Samson s'apprêtant pour la vengeance
Pour sauver tous ceux qui, souffrant, lui avaient fait confiance
De réduire l'ennemi à une triste fresque
Dans une nuit tout noire près des lampions que
L'occident eut tint en rose brillante
D'une vaine colle de garder les bouches béantes !

Frère Manga

Avant-hier étaient venus les négriers
Et hier nous vîmes les colons arriver
Ensemble nous menâmes des combats
Et en sortîmes victorieux tout ça!
Aujourd'hui, tu fais pire que colons et négriers
Et voudrais que de ma bouche, louanges te soient chantés !

Je te dis, tu te trompes de ta force !
Nos racines constituent notre force !
Rappelle-toi d'où nous venons
Tu sauras où nous allons
Et verras en moi un complice
Et non celui sur qui tu pises !

C'est moi qui ne t'ai jamais grillé !
Qu'as-tu à envier des négriers ?
Repasse ta conscience au crible
Tenant des promesses crédibles
Car la famille est assoiffée
Tu dois arrêter de déconner !

Grand Con d'État

Je voudrais l'attention du grand con d'État
Il tourne le pouce et entasse misère en tas
Se réjouit-il qu'il est riche
Quand on sait bien qu'il est chiche
Et défend un clan et non son peuple
Oubliant que le pouvoir est au peuple.
Pauvre peuple n'ayez peur de rien
Même s'il chérit vos chaires comme un chien
Soyez pour lui cet os qu'un chien ne peut croquer
Dans la merde se trouvera-t-il emballé
Dans la luxure d'un palais merdique
Qu'il eut cru être une étoile nordique
Etoile nordique qui dans le cœur du peuple brille
Comme ce feu qui le brulera et ses gorilles.
Il n'y a qu'un gros con d'État qui discernement n'a point
Comme celui qui nous a trimballé le pays à ce point
Et voudrait que l'on appelle chef
Et non tête de veau, plutôt de bœuf.

Le Traître

N'ignore pas qu'il y a belle lurette que la traite
Passée de mode était devenue chose des traîtres
Aujourd'hui, ta pratique de son frère jumeau
Ne laisse point ma plume de te faire un cadeau
L'argent du pétrole banqué en Suisse
Tes affamés n'ont pas les trois suisses
Forêt comme sous-sol est hypothéquée
Point de choix au peuple que traînasser
Pour quoi donc gaspillerai-je une goutte,
Goutte de larmes à accueillir ta chute,
Toi qui est mort maintes fois
Juste pour tester notre foi…
Pour de vrai, nous n'irons plus au bar
Mais ferions un voyage de rêve en car
A la montagne sur laquelle notre joie
Dînera à table avec des rois ;
Disant adieu cancre
Bonne route dans ton fiacre!

Ces Beaux Rêves

En menant les combats coloniaux
Nous étions embryons pleins des rêves beaux
Lesquelles beautés nous promettaient merveilles
D'une vie douce privée de piqûres d'abeilles
Puisque comme des siamois nous luttions
Contre un ennemi que nous avions.

Aujourd'hui, notre ennemi, ton allié
Veut de notre patrimoine nous plumer.
Réveille-toi frère siamois !
Laissons tomber cette croix,
Le fardeau qui nous déchire
Gluons nous comme de la cire !

Beau Fort

Quelle ironie ?
Mensonge honni !
Beau et fort ? Loin de là !
Au matin, la gueule de bois !
Ayant bu cette bière,
Faut une mise en bière !

Une croyance, un tort
Belle promesse, leur fort
Fort est leur beau
Honteux ces lots
Boire, boire, et boire
Faut-il y croire ?

Un calmant des nerfs vifs
Qui rend plutôt chétif !
Vivement la bière
Pensez la dernière,
Celle dans laquelle tous nageront
Et non celle qui la tête bourdonne

Tournant la masse en bourrique
Masse qui heurte les murs en briques
Construits sous les ordres des politiques
Qui jamais ne voudraient entendre critiques
A quoi bon leurs fêtes ?
Les garder en tête ?

Têtes des nations dépouillées
Les nationaux déplumés
Beau et fort
Jusqu'à mort
Voyant toutes les couleurs
Criant fort leurs douleurs !

Tare de Meurtre

Que de me souhaiter des rêves en fleurs
Mon seul frère me donna une vie en pleurs
Et avec de la cire se boucha les oreilles
Nulle part voulut-il s'asseoir sauf au grand fauteuil
Et en roi crut-il régner
Rejetant être le négrier
Souillé d'une tare de meurtre
Tracée avec un feutre
Pendant que je pleure
Il voit des couleurs
Puisque je n'avale point ses couleuvres.
Je les lui ai gardées comme ses hors-d'œuvre
Quand ce rêve en fleurs me viendra
Mais mes pleurs, personne n'oubliera !

Le Cameroun de Papa Ngando

Papa Ngando savait garder la morgue
C'est tout-ce qu'il savait faire
Bien plus, il nous racontait la vie des morts
C'était bien des morts vivants
Qu'il voyait dans les rues de la capitale
Surtout Obili et Melen qu'il fréquentait ;
Pire encore Ngando disait :
« Un Anglo mort c'est un double mort ! »
Au Cameroun bien que vivant il est mort
Pas parce qu'il le souhaite
C'est un ordre d'en haut
Pas du ciel, mais du palais
Comme celui de la bouche en haut
Triste sort à ne point dire
L'épineux problème anglophone du Cameroun.
Quelle vision Ngando avait du Cameroun ?
J'aimerais savoir ce qu'il dirait aujourd'hui
De celui-ci abandonné dans un cachot
Qui doit se taire ou parler français pour plaire
Plaire à l'esclave du Nordiste
Qui a peur de chauffer les bancs
Comme l'anglophone qui son moment attend
Patiemment il sait le pouvoir terrestre éphémère.
Seul un insensé voudrait voir quelqu'un boire la mer
Même si dans le désert rejeté
Ce pays est aussi anglophone.

Deux Frères

Ils sont deux frères, l'autre est mongole
Et se comporte de manière fofolle
Que faut-il à l'autre de faire ?
Fait-il tout au frère pour lui plaire !
Le mongole se voit plus sage que sage
Les menant de se battre. Dommage !
Etrange destin de deux frères
D'une chance d'avoir la même mère
Qui de gré ou de force doit vivre
L'enfer que vivent ses enfants ivres :
L'un par nature et du pouvoir
L'autre subissant sans rien pouvoir !
Quelle horreur dans un monde
Qui se dit tourner rond ?
Or, partout on voit le carré
Hors descriptif de J le Carré

Le Jeune d'Étoudi

Le voyant tenir son épée
J'ai voulu partir l'embrasser
Avant d'attendre ce qu'il avait à dire
Le souffle lui sortant de la bouche pua pire
Que toute odeur horrible jamais reniflée
Quand il nous parlait au journal télévisé
Fêtant les victoires de leur tromperie
Le onze février nous sortant de conneries
De remplir les valises des diplômes
Pour qu'il nous terrasse dans la paume
De peur qu'on ne lui dise qu'il a peur
Puisqu'il crève l'argent comme çui du beurre
Seule façon pour lui de protéger son château
Nous sacrifier les diplômés comme des agneaux
Fête la jeunesse à vingt-sept ans
Mais ne nous prend pas pour des ânes.

Quel Cadeau

Quelqu'un venait de m'offrir *l'Argent* de Zola
Prix en Euro ? Six Cinquante ! Prix en dollar ? Au-delà
Du double, et rien ne perturbe les affaires
Je vis qu'en Afrique on y fait les affaires
Suivant les politiques bien corrompu qui d'arrache pieds
Poussent à bout les peuples à voir leur avenir lié
Comme dans ce grand western financier de Zola
Plein de coups de Jarnac qui ne fourmillent que là !

Dirai-je à ces manipulateurs médiatiques
D'assurer plutôt le bien-être économique.
Comme le peuple, j'en ai marre
De voir ces pourris qui se marrent
En route pour des destinations inconnues et j'en passe… !
En Suisse ? Où comme Ali Baba, la sueur des hommes ils entassent
Et du jour au lendemain, le marché panique
Pourtant pour ces nouveaux A. Baba ça tombe à pique.

Ils déterrent le chemin du capital
Et enterrent les promesses du vœu mondial !
Quelle arnaque
A l'attaque ?
En cinq mille dix sera toujours là, la pauvreté
Assurant toujours au peuple leur chaude tasse de thé
Qui brûlera plus la planète que le réchauffement
Même ce que font nos politiciens n'est qu'échauffement !

Leçon du Français

Je me souviens comme si c'était hier
Nous nous battions avec de l'anglais
Le collège se nomma, bilingue d'application
Comme ce pays à parti unique d'application
Le professeur du français nous faisait répéter en classe
Des phrases telles que, « il faut que tu saches, il faut que tu chasses »
C'était la grammaire : c'était le subjonctif !
Les répéter nous était impératif !
Un camarade pris au pif devrait répéter cela
Mais, « il » et « you » pour lui étaient pareils. Et que dire là ?
Nous nous étions marrés d'entendre, « you faut que »
« You faut que » le suivra toute sa vie comme une queue
Juste comme le subjonctif après « il faut que »
Et au Cameroun c'est bien cette tyrannie que
Subit notre langue étrangère ;
Elle ne nous est pas étrangère !

Bœuf de Lycéens

Faudrait jamais oublier ce Lycée à Essos !
Faudrait jamais oublier cette dame nommée Asso !
Elle vendait aux élèves les beignets
D'une voix criant comme au minaret
Sa musique vint m'appeler
D'un coup je fus assuré
D'avoir eu à manger à ma faim
Sans point penser que viendra la fin
Au vu d'avarice du père de la nation
Prenant nos mères pour des connes dans leur nation
Or elles eurent eu la belle époque
Qui ne fut pour celle-ci, l'épilogue.
Deux mondes, deux destins nous-a-t-on dit
Deux époques deux poids que contredit
La rigueur que buvaient nos oreilles
Et fut pour nous le jus de la treille
Après qu'on eut mangé chez Asso
Là, où ne pouvait manger Nganso
L'ivre sommelier du nouveau chef
Qui s'est permis de voler un œuf
Et nous n'avions point interrogé l'avenir du bœuf
Qu'est-ce qu'on pouvait y faire lorsqu'il fallait courir les mefs ?
Vie de Lycée, Vivent les lycéens !
Vie de noces, vivent les nocéens !